AF592913

Éric SETTIER

Entre terre & ciel

Le chemin

Chérubins Éditions

Conception couverture et maquette : S. Galandon

Images/photos libres de doits : © www.Pixabay.com

Entre terre & ciel

Le chemin

Préface

La vie est le chemin entre la terre et le ciel.
Un chemin de traverses aux pas de multiples couleurs.
Ce chemin pour un voyage nocturne et immobile qui nous dessine en étoile, où l'amour et le temps nous rendent éternels. Par cette poésie qui accompagne le mystère de ses nuits.
Ce destin est maux à plus d'un titre.
Entre le choc de la nouvelle, la douleur de la culpabilité, la colère de la frustration, le chagrin de la solitude. La reconstruction.
On vit pour trois attractions : l'amour, le temps et la mort réunis en ce jour.
La mort arrive,
Le temps s'arrête,
L'amour reste.
Le lien est la lumière.
On a peur du vide,
On veut du temps
On a l'amour.
Le temps réduit et détruit mais guérit.
Rien n'est jamais mort si on regarde bien.
Aimer et écrire pour changer la mort.
Le lien d'une beauté cachée.
On se remercie d'avoir été ensemble du début à la fin.
Aussi présent, avec tant de souvenirs. On fait de son mieux, ce n'est jamais parfait. Car on pense à ce que l'on veut vivre au lieu de vivre ce que l'on ressent. Mais ce qui est parfait est d'avoir essayé d'être heureux ensemble.

Eric Settier
Plume d'Ange

Le Chemin

Demain sera le jour
Où plus rien ne sera pareil
Car il était de ton tour
De répondre à l'appel
Demain sera le jour
Du destin et de l'éternel
Cette issue sans recours
Le temps du grand sommeil
La vie d'ailleurs
Plus longue qu'ici
Ici on meurt d'une vie
L'éclaircie de l'infini
La vie d'ailleurs
Demain sera le jour
D'une nuit sans soleil
Le départ sans un cri
Pour au fond de soi devenir les fidèles
Demain sera le jour
Où simplement la veille
Et il y a eu la naissance de l'étincelle
Pour ce voyage où l'on ne court

On te voit
Mais nous sommes
Deux étrangers
On te devine
Et c'est comme
Si on parlait
On proclame ton prénom
Aux invités
On s'avance et on te parle
Et nos âmes peuvent se toucher et se touchent
On s'est aimé toute une vie
On peut aussi s'aimer la nuit
Tu nous dis dehors
Que l'on peut se parler. On te suit
On est d'accord
Pour t'accompagner
Maintenant que c'est l'heure
Laissons faire la vie, la nuit
C'est de l'amour
Alors cela dure toujours
Tu es là et on est là
Et nous sommes deux étrangers
Car ton cœur et ton corps vont déménager
On peut te dire quand même
Que l'on t'aime

C'est une blessure déchirure
C'est un destin,
C'est tout ce qui nous vient
C'est le chagrin
C'est mon hommage
C'est un voyage
C'est une simple page
C'est le mot fin
C'est tout ce qui nous vient
C'est un parfum
C'est tout ce que l'on laisse en clandestin
C'est notre richesse quand nous n'avons plus rien
C'est un empire
C'est un point de mire
Des souvenirs
Ces repas dans le jardin
C'est notre promesse
Le quotidien
C'est tout ce qui nous vient
C'est ton au revoir
C'est le lendemain
C'est l'amour
C'est nos deux chemins
C'est ta vie qui cesse
Comme rien ne presse
C'est tout ce qui nous vient

Tu t'en vas là
Où tu vas mieux
Où tu vois Dieu
Où la vie s'écrit
Où tout recommence
L'évidence
L'espérance
La délivrance
L'absence
Mais qui sait
Le jour où l'on se retrouvera
Seras-tu là
Avec nous
Là-bas
Où le cœur est Dieu

Ce qui nous semble perdu
Et désormais rendu
Les clefs devant la porte
Ce qui vient de mourir
Peut de nouveau vivre
Les fleurs sur ton lit
Ont besoin de pluie
Ton cœur on le ramène
Epinglé sur on t'aime
Ce qui semble éteint
Brûle sans fin
Le feu après les cendres
Par le bonheur qu'on a pu apprendre

Si on pouvait revenir
On reviendrait en arrière
Et te dire
Tu vois on a vaincu
C'est pas perdu
Fais nous confiance
Si on pouvait se tenir droit
Ce jour là
S'asseoir à tes côtés
Te serrer dans nos bras
Si on revient sur nos beaux jours
C'est pour te dire qu'un beau jour
On se retrouvera
Si on pouvait découvrir
L'avenir
Pour ne pas souffrir
De ton absence
Afin de trouver l'espérance

On a pris l'amour
Et cela nous suffira
On a pris le temps de te voir
On a pris la chance de te connaitre
Cela va nous servir
On écrit des mots
Ils restent si petits
On a pris le goût
De tout ce qui commence
On prend ton absence
On en fait notre peine
On n'a pris que l'utile
On a pris le temps de faire des pas avec toi
On fait pour que cela dure le plus longtemps
On n'a pas fait le choix c'était une évidence
La vie décide
Le jour est venu du vide
Au bout de la rue n'importe où
On n'a jamais l'heure des rendez-vous
Elle prend toujours de l'avance
Car Dieu a fait un pas vers toi

Soudain le jour est arrivé
Arrivé là pour tout changer
Soudain la vie t'a emmené
Emmène là
Là où Dieu t'attendait
Soudain l'éternité s'est invitée
L'éternité t'est donnée
Là où tu vas te reposer
A nouveau on va te prier
Voilà pour aujourd'hui
A nouveau, on va accepter
A nouveau, on va garder
A nouveau, on va te remercier
Voilà ce qu'on écrit
A nouveau, on va penser
A nouveau, on va t'aimer
Voilà ce qu'on ressent.

On a ranger tout ce qui traînait
Pousser les meubles et les regrets
Pour faire le vide
On a mis au bord de notre fenêtre
Prêt à faire tomber les peut-être et les non-dits
Mais dans les choses que l'on a trouvées
Il y a l'amour à notre portée
Que tu nous a laissé
On n'a plus qu'à la cueillir
On garde toujours de l'espoir
Même si c'est trop tard
On va prier à tes côtés
On devrait croire depuis ton départ
On a mis du blanc sur notre blessure
Notre amour propre en écriture
Pour ne pas que l'on oublie
On a fait ton hommage
A notre image
Un peu froissé sur ton voyage passagé
Avec nos vies
Dans les choses qu'on a trouvées
Avec nos sourires
On a le bonheur que tu nous as donné
On a plus qu'à te le dédier à te l'écrire
Depuis que tu n'es plus à nos côtés
Tu devrais te réveiller
Pour nous entendre prier pour tes pensées
On voudrait dire et te montrer
Qu'il nous reste toujours quelques part un endroit pour s'aimer

Hier tu te demandais encore
Çà fait quoi d'être mort
Si cela fait froid dans le dos
De sentir le dernier souffle du repos
Est-ce que l'on s'endort ou l'on se tord
On te regarde partir
Comme on se voit mourir
On sait aujourd'hui ce qu'est la fin
Hier tu te demandais encore
Cela fait quoi d'être mort
D'être celui qui s'en va
A tout jamais dans l'au-delà
Qui quitte et qui s'éteint
Sans que personne n'y peut rien
Tu t'es éteint
Sans que personne n'en sache rien
Elle parait parfois si loin
La vie s'éteint sur un rien
Car elle ne tient à rien
Maintenant on sait ce qu'est la fin

Tu as au-dessus de toi
La lune, une étoile et une croix
Des souvenirs et des regards
Si jamais tu as un peu froid
Tu as les yeux à jamais fermés
Ainsi tu peux rêver
Pour faire ce long voyage
Et te reposer
Là où tu pars
L'éternel est ciel
D'un nouveau départ
La mort est celle
D'un monde à part

Ne t'en fais pas
On ne t'a pas connu
Pour t'oublier
On ne t'a pas aimé
Pour tout arrêter
On ne t'a pas accompagné
Pour ne pas suivre ton
nouveau chemin
On ne t'a pas suivi
Pour te perdre
On ne s'est guidé
Pour s'éloigner de la lumière
Même si on ne peut plus te voir
On peut t'imaginer

Quelque soit le jour
On fait le voyage
Au-delà des clivages
Une route s'efface
Laisse moi à la surface
Assez de place
Pour tout recommencer
On te promet l'éternité
On sait votre vérité
La vie nous fait réaliser
Qu'il faut voyager seul
Ceux qui s'en vont
Et ceux qui restent
Se perdre pour se retrouver
On connait le passage
Une port ne peut nous éloigner
Puisque nous devons l'atteindre
Afin de ne plus se plaindre
De nos vies à regretter
Du berceau au tombeau
Le jour est arrivé
Terre et ciel sont noués
Peu importe la distance
L'espoir est une chance
L'amour pour toi nous dévore
Sans aucun effort
On reprend son courage

Ce ne sont que des lettres, des mots
Ce n'est pas grand chose
Elles deviennent des mots ou des proses
Au départ elles n'appartiennent à personne
Elles sont à toi désormais à jamais
Elles écrivent ce poème
Elles se prêtent à mon crayon
Elles ne changeront pas grand-chose
On te connait par cœur
Mais par cœur on n'apprend rien on ne sait rien
Or on te porte juste dans notre cœur
Tu t'éteins alors on te garde à l'intérieur
On les prononce et écrit à notre façon
On te les donne
On t'envoie ces lettres
Là où tu dors
Toutes les nuits ou plus encore
On ne sait que ton amour

On sait notre peine
Qui nous traverse
Comme lorsqu'on est sous une averse
On connait le courage et la foi
Comme le manque de toi
On sait le combat que tu nous adresse
On sait tout çà
Mais on ne sait rien
De ces matins
De ces nuit à venir
On sait l'amour qui nous transporte
La force qui nous porte
On sait la limite
On sait que tu nous quittes
Mais on ne sait rien
Sans toi jusqu'à notre fin

« *Raisons et reconnaissances* »

Entre la poésie et moi, l'histoire a 30 ans.
La passion de l'écriture et des mots se dessine en plusieurs raisons.
La première est l'amour des lettres et de la musique, puis viennent les événements familiaux, les différents regards et la traversée de la vie.
Ma poésie est la richesse de mes rencontres et de mon vécu.
« Entre terre et ciel » est un recueil qui me tenait à cœur, il est comme une finalité et la naissance d'autres histoires.
Ce recueil est fait d'amour. Ecrire sur le deuil est écrire sur la vie.
Il est un projet face aux maux du destin, afin de trouver les mots par l'amour, la peine, l'absence, l'hommage face à la perte d'un être cher.
Ces poèmes sont l'instant solennel lors du départ du dernier voyage nocturne de notre vie.
Il existe de la poésie même dans cette épreuve. Il existera plusieurs suites d'« Entre terre et ciel ».
En effet mon jardin secret, mes poèmes de l'ombre feront naître d'autres recueils, mais aussi sur d'autres thèmes de la vie.
Je profite par évidence de remercier mes aïeux, mes parents, mes enfants, ma sœur, mon frère, mes amours, ma famille, mes proches, mes rencontres, les artistes, qui m'ont offert et qui m'ont permis d'enrichir mon don et de m'offrir la chance de m'exprimer et de publier mes poèmes.
Je souhaite citer particulièrement André Besson, Madeleine Petitpantalon, Sophie Galandon, Chrystel Carte, et tant d'autres artistes, qui ont contribué à ce projet.

Eric Settier
Plume d'Ange

Achevé d'imprimer en mai 2023

sur les presses d'Amazon

ISBN : 979-10-96726-81-3

Dépôt légal : mai 2023

Contacter l'auteur : settier.eric@orange.fr

Contacter l'éditeur : cherubinseditions@gmail.com

Site Internet : cherubinseditions.weebly.com

La boutique et maison d'édition
de Chérubins Éditions
4, rue du Glapier
51320 MONTÉPREUX
FRANCE

www.ingramcontent.com/pod-product-compliance
Lightning Source LLC
LaVergne TN
LVHW010510160826
845677LV00012B/2768

* 9 7 9 1 0 9 6 7 2 6 8 1 3 *